# SONIDO

## SECRETOS DE LA CIENCIA

Jason Cooper
Versión en español de Aída E. Marcuse

The Rourke Corporation, Inc.
Vero Beach, Florida 32964

FOTOGRAFÍAS:
Todas las fotografías fueron realizadas por © Lynn M. Stone.

**Library of Congress Cataloging in Publication Data**
Cooper, Jason, 1942-
   [Sonido. Español.]
   Sonido / de Jason Cooper. Versión en español de Aída E.
Marcuse
      p.  cm. — (Secretos de la ciencia)
   Incluye índices.
   Resumen: Provee informaciones sencillas acerca de las ondas de
sonido, las frecuencias, y los usos del radar y del sonar.
   ISBN 0-86593-324-3
1. Sonido-Literatura juvenil. [1. Sonido.  2. Materiales en idioma
español.] I. Título. II. Series: Cooper, Jason, 1942-    Secretos de
la ciencia. Español.
QC225.5.C6818  1993
534—dc20
                                 93-1404
                                 CIP
                                 AC

# ÍNDICE

# LOS SONIDOS

Escuchamos gañidos, aullidos, chillidos, rugidos. Oímos gritos, quejidos, conversaciones, cantos. Todo lo que oímos son sonidos, y éstos nos rodean por todas partes.

El sonido es causado por **vibraciones;** unas modulaciones rápidas, de ida y vuelta, que hacen movimientos invisibles en el aire. Estos movimientos son una forma de **energía** o potencia que percibimos como sonidos.

*Los koalas "conversan"*
*por medio de vibraciones*

# HAY ONDAS SONORAS TODO ALREDEDOR

Arroja una piedra a una piscina, y verás ondas, o pequeñas olas, extenderse hacia afuera, todo alrededor. El sonido también se mueve en ondas.

Las ondas sonoras más potentes son las que están cerca de quien produce el ruido. A medida que se alejan de él, se van debilitando (como las olas se hacen más tenues a medida que se alejan de donde cayó la piedra).

El aire transporta, o **conduce,** las ondas sonoras. Otras sustancias, como el agua, también conducen los sonidos.

*El ruido del motor de un bote es transportado bajo el agua.*

# CÓMO HABLAMOS

El sonido, como recuerdas, es una vibración. Cuando hablamos, hacemos vibrar el aire con los órganos **vocales** que tenemos en la garganta, que emiten la voz. Además del hombre, hay muchos otros animales que también tienen órganos vocales.

Gracias a los movimientos de la lengua y los labios, podemos transformar los sonidos en palabras.

*Los labios ayudan a transformar los sonidos en palabras*

# CÓMO OÍMOS LOS SONIDOS

Cuando un lobo aúlla, el sonido parte de las vibraciones de su garganta. Las ondas sonoras del aullido penetran en nuestras orejas y llegan hasta órganos especiales que tenemos en los oídos. Estos órganos envían mensajes a la parte del cerebro que percibe las ondas sonoras.

Los humanos tenemos excelente oído, pero algunos animales, como los perros, murciélagos y búhos, pueden escuchar sonidos muy agudos que los oídos humanos no perciben.

*Lobos aullando*

*Escuchando el "sonido del mar"*

*Los aviones de propulsión a chorro emiten sonidos muy fuertes*

## SONIDOS ALTOS Y BAJOS

Decimos que algunos sonidos son "altos" o agudos, como el zumbido del mosquito, y que otros son "bajos", como el rugido de un hipopótamo enojado.

Las alas de los insectos, como las de los mosquitos, frecuentemente vibran (se mueven) muy rápido.

Esas vibraciones producen ondas sonoras. Cuando se emiten grandes cantidades de ondas sonoras a la vez, éstas hacen un sonido "alto".

Los órganos vocales del hipopótamo, sin embargo, producen pocas vibraciones, y por eso su voz tiene un sonido "bajo".

*Un hipopótamo enojado, rugiendo*

## EL ECO, ECO, ECO

Si gritas en un túnel o en el valle de una montaña, tu voz parecerá repetirse a si misma, o hacerse **eco.** Si dices "¡holaaaa!", tu "¡holaaaa!" vuelve a ti.

El sonido rebota. Escuchas tu eco porque las ondas sonoras rebotaron sobre una superficie dura y regresaron a ti.Tu voz toma muy poco tiempo para rebotar hacia ti, y cuando lo hace, ¡te oyes a ti mismo otra vez!

*El eco rebota desde el valle de una montaña*

# CAZANDO CON RAYOS DE SONIDOS

Unos rayos de sonidos delgados especiales, se utilizan para "cazar" objetos que no son visibles más allá de cierta distancia. El rayo de sonido puede viajar a grandes distancias. Cuando choca contra un objeto, rebota de él una onda sonora, como un eco.

Esas ondas sonoras pueden enviarse a través del aire o el agua. Nosotros no podemos oir los sonidos, pero existen aparatos especializados que lo hacen.

*Una pantalla de radar*
*de tráfico aéreo*

## EL SONAR Y EL RADAR

Cuando una onda sonora vuelve a ese instrumento, la información aparece en una pantalla. Mirando una pantalla de **radar** podemos saber a qué distancia se encuentra un avión.

Una pantalla de **sonar** utiliza ondas sonoras submarinas para localizar peces—o submarinos—.

Los murciélagos usan un sistema interno de "radar" para encontrar insectos. Y los delfines, que tienen sistema interno de "sonar", lo utilizan para localizar peces y a otros delfines.

*Los delfines tienen "un sonar" interno*

## LA VELOCIDAD DEL SONIDO

Cuando gritas, tu voz viaja rápidamente por el aire. Pero bajo el agua, un grito viaja aún más rápidamente. Algunas sustancias transportan el sonido mejor que otras.

Tan rápido como es el sonido, su velocidad ni siquiera se acerca a la velocidad de la luz. Por eso ves fulgurar un relámpago a lo lejos antes de oir retumbar el trueno.

## Glosario

**conducir** (con-du-cir) —transportar por algún tipo de camino, como llevar el sonido por el aire

**eco** (e-co) — sonido que, después de rebotar contra una superfice, se repite y regresa a quien lo emitió

**energía** (e-ner-gía) — potencia; habilidad para trabajar

**radar** (ra-dar) —sistema que utiliza los ecos de las ondas sonoras para localizar objetos en el aire

**sonar** (so-nar) —sistema que utiliza ondas sonoras para encontrar objetos bajo el agua

**vibraciones** (vi-bra-cio-nes) —movimientos de ida y vuelta, muy rápidos

**vocal** (vo-cal) —relacionado con la voz

# ÍNDICE ALFABÉTICO